VOYAGE AU JAPON,

EXÉCUTÉ PENDANT LES ANNÉES 1823 A 1830,

OU

DESCRIPTION PHYSIQUE, GÉOGRAPHIQUE ET HISTORIQUE

DE

L'EMPIRE JAPONAIS,

DE JÉZO, DES ILES KURILES MÉRIDIONALES, DE KRAFTO, DE LA CORÉE, DES ILES LIU-KIU, ETC. ETC.;

PAR M. PH. FR. DE SIEBOLD.

ÉDITION FRANÇAISE,

RÉDIGÉE PAR MM. A. DE MONTRY ET E. FRAISSINET,

ET PUBLIÉE SOUS LES AUSPICES

DE S. A. R. M⁰ʳ LE DUC D'ORLÉANS,

CINQ VOLUMES GRAND IN-8°,

Accompagnés d'un Atlas grand in-folio de 150 planches environ, dont une partie coloriée

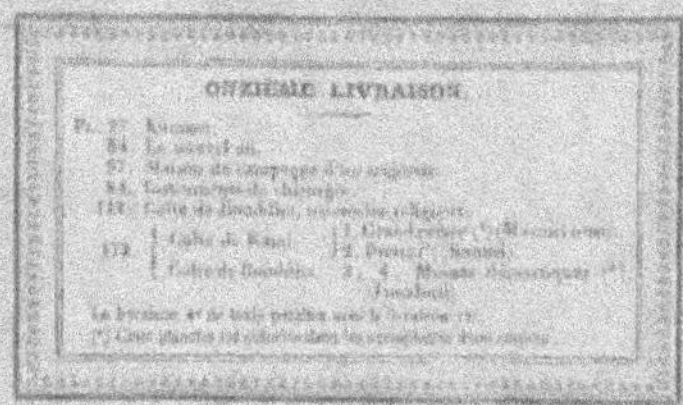

PARIS.

ARTHUS BERTRAND, ÉDITEUR

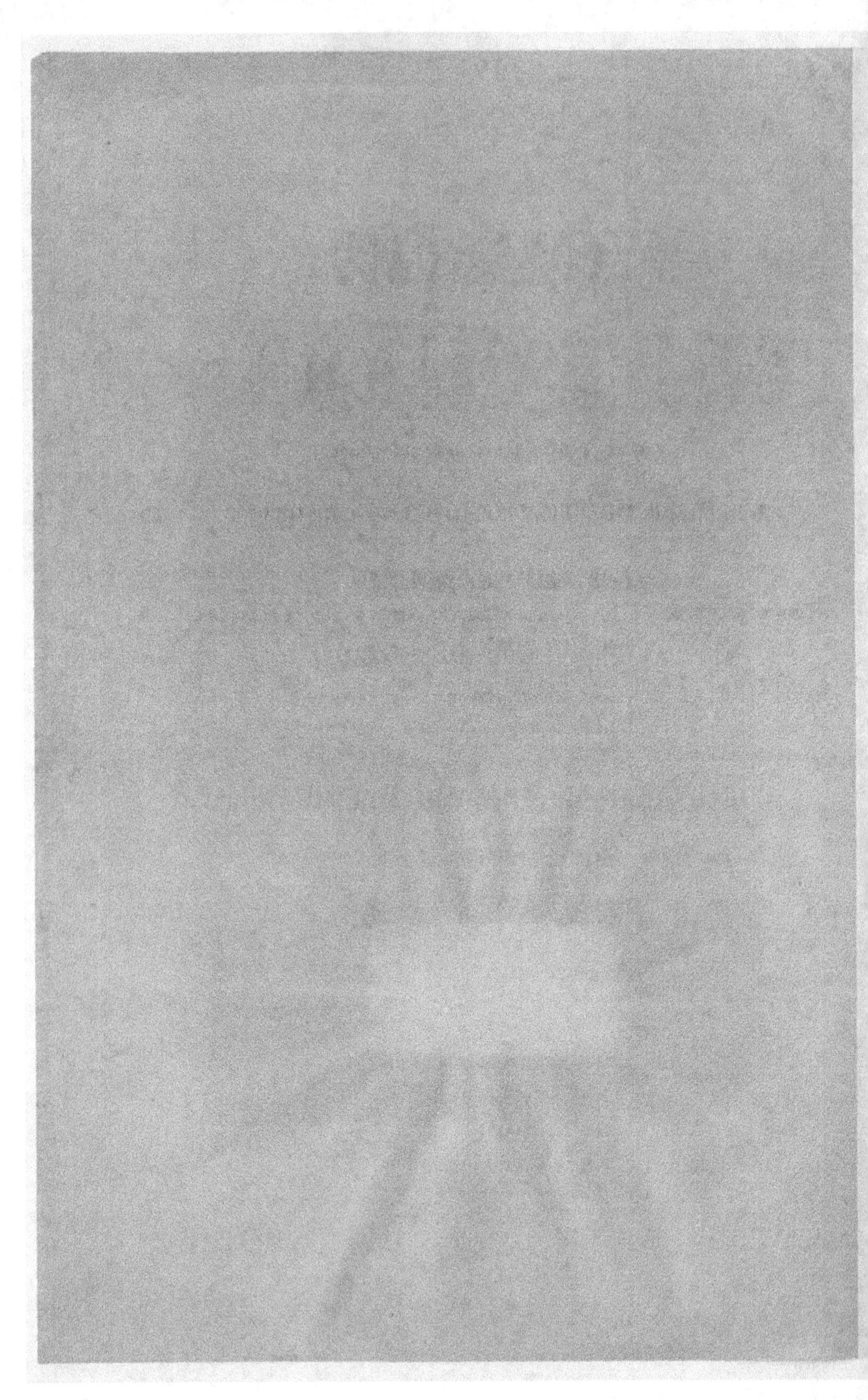

HET NIEUWJAAR. ✳ DAS NEUJAHR.

EEN HEERENHUIS. — EIN HERRENHAUS.

Maison de campagne d'un bourgeois.

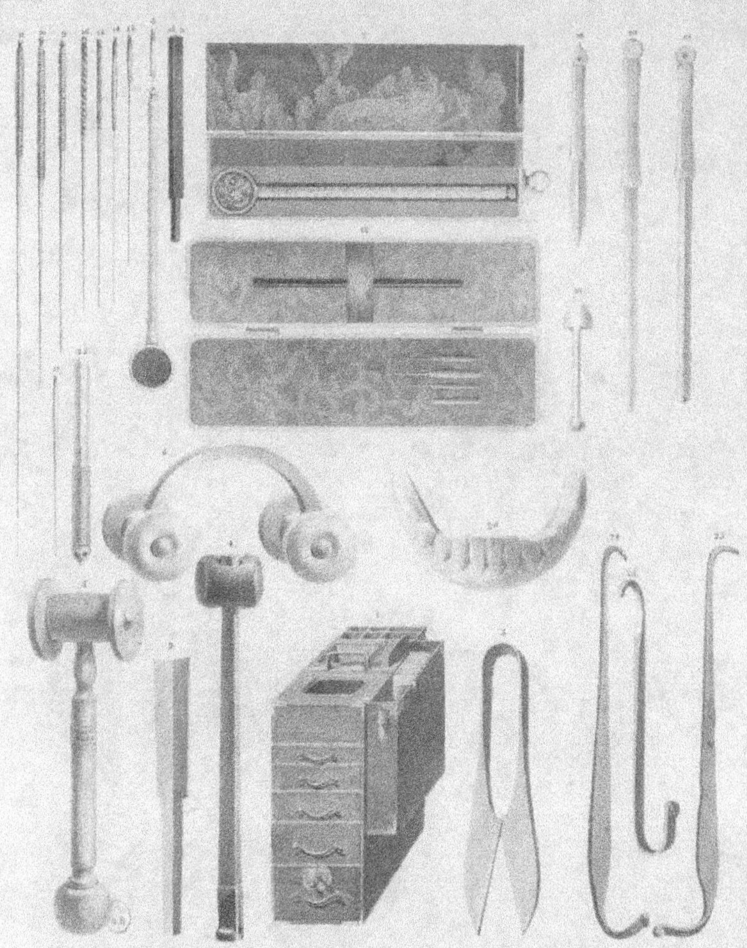

HEELKUNDIGE WERKTUIGEN. + CHIRURGISCHE INSTRUMENTE.

Instrumens de Chirurgie.

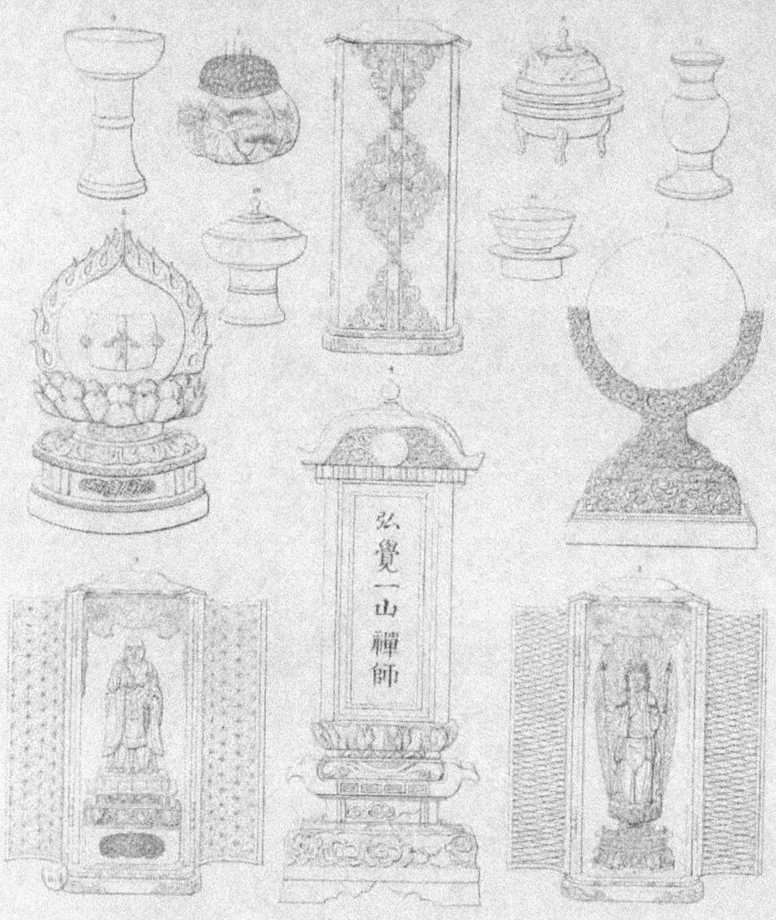

BUDDHADIENST.

GODSDIENSTIGE GEREEDSCHAPPEN & GOTTESDIENSTLICHE GERÄTHE.

Autel de Bouddha
Ustensiles Religieux

KAMIDIENST & BUDDHADIENST.

9 782329 219172